Bibliografische Information der Deutschen Nationalbibliothek:

Die Deutsche Bibliothek verzeichnet diese Publikation in der Deutschen National-bibliografie; detaillierte bibliografische Daten sind im Internet über http://dnb.d-nb.de/ abrufbar.

Impressum:

Copyright © 2017 GRIN Verlag
Druck und Bindung: Books on Demand GmbH, Norderstedt Germany
ISBN: 9783668910805

Dieses Buch bei GRIN:

https://www.grin.com/document/463295

Teresa Kvapil

Geburtshilfe und Frauenheilkunde im antiken Griechenland

GRIN Verlag

GRIN - Your knowledge has value

Der GRIN Verlag publiziert seit 1998 wissenschaftliche Arbeiten von Studenten, Hochschullehrern und anderen Akademikern als eBook und gedrucktes Buch. Die Verlagswebsite www.grin.com ist die ideale Plattform zur Veröffentlichung von Hausarbeiten, Abschlussarbeiten, wissenschaftlichen Aufsätzen, Dissertationen und Fachbüchern.

Besuchen Sie uns im Internet:

http://www.grin.com/

http://www.facebook.com/grincom

http://www.twitter.com/grin_com

Geburtsheilkunde – Frauenmedizin

Abb.1.: Statuette einer Gebärdenden, Ägypten; 3. Jhdt. v. Chr.

Teresa Kvapil
20.10.2017; SS17
Ausgewählte Themen zur antiken Medizin

Inhaltsverzeichnis:

1. Einleitung

Geburtshilfe ist im Großen und Ganzen vielen ein Begriff. Auch der Begriff Frauen-medizin ist quasi Selbsterklärend. In wie weit man sich damit auseinandersetzt bzw. damit beschäftigt hängt natürlich vom Interesse, dem Beruf, der Lebenssituation, dem Umfeld etc. ab. Bei mir war es die abrupt veränderte Lebenssituation, die mich quasi zwang mich mit Geburtenhilfe auseinander zu setzten. Ich behaupte, dass jede schwangere Frau früher oder später beginnt sich auf den Prozess der Geburt vorzu-bereiten. Die einen, wie erwähnt früher oder wie in meinem Fall später bzw. zwei Wochen vor Entbindungstermin. Für mich war die Schwangerschaft keine allzu be-sondere Zeit. Mir ging es gut, ich hatte weder Beschwerden noch besondere Essge-lüste. Die viel gelesene Dauereuphorie gab e bei mir jedoch nicht, da min Lebens-plan ein anderer war und ich erst neu sortieren musste. Nichts desto trotz ging es mir am D-Day natürlich gleich wie allen werdenden Mütter. Ich war wahnsinnig nervös und mir schwirrten all die Bilder, Bücher, Artikel und Weblinks aus dem Internet im Kopf herum. Doch Dank der Medizin und einigen unterstützenden bzw. beschleuni-genden Maßnahmen war vierzehn Stunden später dieser kleine Wurm da und der neue Lebensplan war viel besser als der alte.

Als ich mich zum Seminar" Ausgewählte Themen zur antiken Medizin" anmeldete und die Seminararbeitsthemen zur Auswahl standen, wusste ich sofort welchen Thema ich mich widmen würde. Da Gebären natürlich eine Frauen – Sache ist und dies sowohl im Altertum als auch heute Schmerzen bereitete stellte sich mir die Fra-ge wie dazu Abhilfe geschafft werden konnte? Was unternommen wurde wenn sich das Kind im Mutterleib zur Geburt nicht drehte? Was geschah in Punkto Hygiene? Gab es Hebammen die die Gebärdenden nicht nur körperlich sondern auch seelisch unterstützten?

All diesen Fragen bin ich nachgegangen und versuchte diese so gut wie möglich in dieser Arbeit zu beantworten und am Ende mit der heutigen Geburtsheilkunde sowie Geburtenhilfe gegenüberzustellen.

2. Geburten und Geburtsheilkunde im ägyptischen Altertum

2.1   Gynäkologische Aufzeichnungen im Papyrus von Kahun

Zu meiner Verwunderung gab es tatsächlich Aufzeichnungen im Altertum zu Gynäkologie und Geburtsheilkunde. Während meinen Recherchen stieß ich auf eins der ältesten Zeugnisse zu diesem Sujet. Der Papyrus von Kahun oft auch als medizinische Papyri von Lahun bezeichnet, wurde von William Flinders Petrie, einem englischen Archäologen in einer Arbeitersiedlung in Medinet – Kahun bei El – Lahun bei Ausgrabungsarbeiten entdeckt. Francis Llewellyn Griffith übersetzte die Payri 1898 ins englische und publizierte die ihm wichtigsten Papyri. Heute findet man die Papyri von Kahun im Petrie Museum of Egyptian Archaelogy des Universtiy College in London.

Abb.2.: Sir William Flinders Petrie   Abb.3.: Francis Llewellyn Griffith

Wie schon erwähnt ist der Papyrus von Kahun neben den Ebers Papyri und auch den Edwin Smith Papyri eines der ältesten Zeugnisse um ca. 2000 v. Chr. Laut Forschung fehlen dem Papyrus die erste und auch die letzte Seite, aus nicht ersichtlichem Grund. Es unterteilt sich in zwei Fachgebiete. Der Papyrus von Kahun beinhaltet Teile von Abschriften älterer Texte, medizinische Aufzeichnungen sowie Fragmente zur Veterinärmedizin. Für diese Arbeit sind jedoch nur die medizinischen Aufzeichnungen relevant und die dazu niedergeschriebenen gynäkologischen Beobachtungen. Ein weiterer Teil der Papyri enthalten fünfunddreißig Rezepte gegen gynäkologische leiden und erläutert zu dem die pränatale Bestimmung des kindlichen Geschlechts.

Abb. 4.: Papyrus von Kahun – medizinische Aufzeichnungen

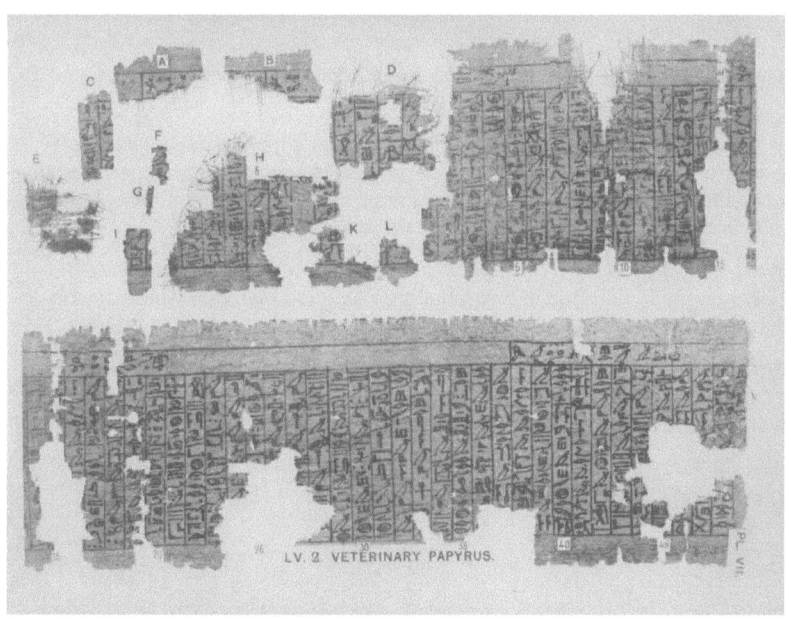

Abb. 5.: Papyrus von Kahun – veterinärmedizinische Aufzeichnungen

Siebzehn dieser Anweisungen beginnen mit dem Satz:

„Rezept für eine Frau die an ... leidet." Die Papyrusschriften geben Aufschluss über Wirkungsursahen zwischen Geschlechtsverkehr und Empfängnis, die Unfruchtbarkeit bei Männer als auch bei Frauen, die Dauer einer Schwangerschaft sowohl der Niederkunft selbst als auch dem Voraussagen über das Geschlecht des Kindes.

In den gynäkologischen Aufzeichnungen findet man unter anderem auch Berichte über Empfängnisverhütung, Abszesse in der Brust, Fibrome, Gebärmuttervorfall, Dysmenorrhoe und Amenorrhoe. Die in den Papyri zu findenden Rezepte erscheinen auf den ersten Blick eher merkwürdig und unlogisch für heutige Verhältnisse, doch bei näherer Betrachtung erweisen sie sich als nachvollziehbar und wirksam.

Auszüge aus der Rezept Sammlung:

Bei diesem Beispiel handelt es sich um Gebärmutterkrebs: „ Beräuchere sie mit alles Art verbrannten Fleisches, das genau den gleichen Geruch hat wie der den sie ausströmt."[1]

Rezept zur Diagnose der Unfruchtbarkeit I: „Wassermelonen und ungekerbte Früchte der Sykomore zerkleinern und mit der Milch einer Frau mischen, die einen Sohn geboren hat. Trinken. Wenn sie sich übergibt, wird sie niederkommen; wenn sie Blähungen hat, wird sie niemals gebären."[2]

Eine weiter Methode als die orale Einnahme dieser Mixtur, war diese in die Vagina zu injizieren.

Rezept zur Diagnose der Unfruchtbarkeit II: „Du gibst eine angefeuchtete Knoblauchzehe in ihre Vagina, die dort während er ganzen Nacht bis zum Morgen bleibt. Wenn der Knoblauchgeruch aus ihrem Mund dringt, wird sie niederkommen. Andernfalls wird sie nicht gebären." Tuben leiten den Knoblauchgeruch.[3]

Wie schon erwähnt, wurde auch das Geschlecht des Kindes prognostiziert und darüber Aufzeichnungen in den Papyri festgehalten. Folgende Methode wurde zur Bestimmung diesem angewandt:

Geschlechtsbestimmung des Kindes: „ Du füllst Gerste und Weizen, außerdem Sand und Datteln in zwei Leinenbeutel, die die Frau täglich mit ihrem Urin befeuchtet. Wenn sowohl Gerste als auch Weizen keimt, ist sie schwanger.

Wenn zuerst die Gerste keimt wird es ein Junge, wenn zuerst Weizen keimt wird es ein Mädchen. Wenn weder Gerste noch Weizen keimen, ist sie nicht schwanger."[4]

---

[1] Pecker, André (1990): Gynäkologie und Geburtshilfe vom Altertum bis zum Anfang des 18. Jahrhunderts, Band 2, Salzburg, Andreas & Andreas Verlagsbuchhandel

[2] Pecker, André (1990): Gynäkologie und Geburtshilfe vom Altertum bis zum Anfang des 18. Jahrhunderts, Band 2, Salzburg, Andreas & Andreas Verlagsbuchhandel

[3] Pecker, André (1990): Gynäkologie und Geburtshilfe vom Altertum bis zum Anfang des 18. Jahrhunderts, Band 2, Salzburg, Andreas & Andreas Verlagsbuchhandel

[4] Pecker, André (1990): Gynäkologie und Geburtshilfe vom Altertum bis zum Anfang des 18. Jahrhunderts, Band 2, Salzburg, Andreas & Andreas Verlagsbuchhandel

Julius Manger, ein deutscher Gynäkologe, bestätigte diese Methode 1933 im pharmakologischen Labor in Würzburg. Manger konnte diese jedoch nur mit umgekehrter Reihung beweisen, das heißt Urin und Weizen bedeuteten ein männlicher Fötus und Urin und Gerste einen weiblichen Fötus im Mutterleib. Ob es nun ein Übersetzungsfehler in den Papyri war, wie auch Dr. med. et phil. Dr. h.c. Paul Diepgen in seinem Buch „Die Frauenheilkunde der alten Welt", Springer-Verlag GmbH, Heidelberg, vermutet, oder die Getreidearten im allgemeinen auf den Phytochromen überspickten Urin einer schwangeren reagieren bleibt jedoch bis dato offen. Botaniker bestätigen zumindest den Nachweis eines Wachstumshormons in den Pflanzen die mit Urin einer schwangeren Frau in Verbindung kamen.

50   Die Frauenheilkunde bei den ältesten Kulturvölkern der Geschichte.

Wahrsagers war, der aus den Omina schöpfte, werden in den ägyptischen Papyri zu diesem Zweck Methoden angegeben, die man im Rahmen der Zeit als Fortschritt ansehen muß. Eine von ihnen ist heute in gewissem Sinn aktuell geworden. Nach dem Rezept 199 des Papyrus Brugsch soll die Frau, um zu sehen, ob sie schwanger ist, täglich mit ihrem Urin Weizen und Spelt in zwei gesonderten Beuteln benetzen. Wenn sie beide wachsen, wird sie gebären, wenn der Weizen wächst, ist es ein Knabe, wenn der Spelt wächst, ein Mädchen. Wenn sie nicht wachsen, gebärt sie nicht [1]. Heute, im Zeitalter der Schwangerschaftshormone, haben manche in dieser Diagnose eine Ahnung modernster Forschungsergebnisse vermutet.

Die Stelle ist hierfür mehr wie problematisch. Grapow [2] übersetzt statt Weizen Gerste und statt Spelt Weizen. Dann wird es gerade umgekehrt. Dann ist nämlich das Keimen der Gerste ein Zeichen für das männliche Geschlecht und das Keimen des Weizens deutet auf ein Mädchen. Das wäre nun wieder gerade umgekehrt, wie es die Untersuchungen von Manger aus dem pharmakologischen Institut in Würzburg ergaben. Danach zeigte der Urin von Frauen, die Knaben zur Welt brachten, eine Wachstumsbeschleunigung des Weizens, Harn von Mädchenmüttern eine solche der Gerste [3]. Wir haben es jedenfalls nur mit magischen Vorstellungen zu tun, die mit biologischen Ahnungen nicht verwechselt werden dürfen. Sie sind in dem Glauben an die Emanation magischer Kräfte und in der Analogie begründet. Das grammatische Geschlecht des Wortes für Gerste ist im ägyptischen männlich, das des Wortes für Weizen weiblich. In der späteren deutschen Tradition der Methode, z. B. im 18. Jahrhundert, paßt der Weizen besser für einen Knaben, die Gerste besser für ein Mädchen (Grapow) [4].

Abb. 6.: Auszug aus „Die Frauenheilkunde der alten Welt"

2.2   Gebärverhalten ägyptischer Frauen

Es existiert eine Vielzahl an Hieroglyphen und Abbildungen gebärdender Frauen im ägyptischen Altertum. Folgende Abbildung zeigt ein Relief des Tempels von Luxor. Man erkennt eine Gebärdende die auf einem Thron/ Gebärstuhl sitzt. Um die Entbindung zu erleichtern, behalfen sich die ägyptischen Frauen indem sie auf Ziegel oder Steinen saßen, so die Forschungsergebnisse laut Pecker, André (1990): Gynäkologie und Geburtshilfe vom Altertum bis zum Anfang des 18. Jahrhunderts, Band 2, Salzburg, Andreas & Andreas Verlagsbuchhandel.

Abb. 7.: Gebärdende auf Thron/ Gebärstuhl, Ägypten

Eine weitere Abbildung zeigt ebenfalls eine Frau die sich unmittelbar vor der Entbindung befindet. Es ist eine Statuette aus gebranntem Ton aus Alexandria aus der Zeit 3. Jahrhundert v. Chr. Diese Art von Figuren wurde Gebärdenden bzw. Schwangeren Frauen als Votivgaben geschenkt. Mit diesen Talismanen bat man um eine glückliche Entbindung, sorglosen Geburtsverlauf oder dankte für eine Geburt.

Abb. 8.: Statuette einer Gebärdenden, Ägypten; 3. Jhdt. v. Chr.

2.3 Hebammen im ägyptischen Altertum

Exodus, V, 16: „ Und der König von Ägypten sprach zu den jüdischen Hebammen und sagte: Wenn ihr die Hebammenarbeit verrichtet, sollt ihr auf die beiden Ziegel sehen: wenn es ein Junge ist, tötet ihn, aber wenn es ein Mädchen ist, dann laßt es leben."

Unmittelbar an der Geburt beteiligt waren, wie heute auch, die Hebammen. In dem erwähnten Auszug aus dem Alten Testament war von jüdischen Hebammen die Rede. Es gibt zu diesem Punkt unterschiedliche wissenschaftliche Ergebnisse, ob erste Hebammen nun jüdisch oder ägyptisch waren. Diese Frage scheint zunächst irrelevant, doch ist in der Geschichte bewiesen, dass die Hebräer zu dieser Zeit ein gefangenes Volk der Ägypter waren und Jüdinnen keine männlichen Nachkommen gebären durften. So wurden die männlichen Nachkommen der Hebräer in den Nil geworfen um keine jüdische Nachkommenschaft zu gewährleisten und Erhebungen allen voran ausgeschlossen waren. Der Überlieferung zufolge waren Jüdinnen härter gesotten als die Ägyptischen Frauen und konnten somit allein gebären. Fest steht jedoch, dass die beiden Völker trotz allem unabhängig voneinander eigene Hebammen hatten und dieser Berufsverband sehr wohl schon existierte. Weitaus mehr Informationen zu diesem Abschnitt der Geburtenhilfe zeigt uns das griechische Altertum und die Aufzeichnungen Soranos´.

3. Geburten und Geburtsheilkunde im griechischen Altertum

3.1 Gynäkologische Aufzeichnungen – Corpus Hippocraticum

Nach den gynäkologischen Aufzeichnungen der Ägypter aus den Papyrus Schriften und dem Auszug des Alten Testaments widmen wir uns den Schriften des Corpus Hippocraticum.

Im griechischen Altertum stößt man unweigerlich auf Hippokrates (460 v. Chr. – 370 v. Chr.), der als der Vater der Medizin gilt. Er war einer der ersten der vaginale Untersuchungen betrieb und diese schriftlich fest hielt. Diese Schriftsätze waren im Corpus Hippocraticum gesammelt. Der Corpus Hippocraticum wurde vom 5. Jhdt. v. Chr. bis zum 2. Jhdt. n. Chr. verfasst und ist eine Sammlung von mehr als 60 medizinischen Texten. Nicht nur Hippokrates selbst schrieb medizinische Texte für diese Sammlung, sondern seine Söhne Thesslalus und Drakon, sein Schwiegersohn Polybes und seine Schüler der Schule Knides waren ebenfalls Verfasser medizinischer Texte. Anhand der Zeitspanne in der der Corpus Hippocraticum entstand, ist ein einziger Verfasser gar nicht möglich und somit sind die erwähnten Autoren neben Hippokrates gleichermaßen zu beachten.

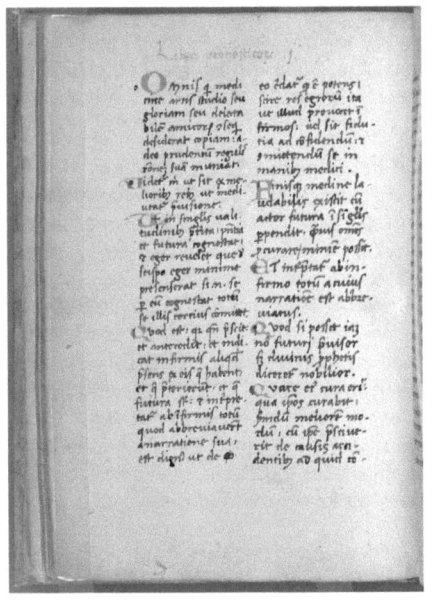 

Abb. 9.: Corpus Hippocraticum; eine der unzähligen Abschriften   Abb. 10.: Hippokrates

Der Corpus Hippocraticum umfasste unter anderem folgende Themen:

> ➤ Unfruchtbarkeit und Empfängnis
> ➤ Wachstum des Fötus
> ➤ Frühgeburten
> ➤ Gefahren bei der Geburt
> ➤ Fehllagen des Kindes
> ➤ Entfernen eines toten Fötus aus dem Mutterleib

Hippokrates untersuchte sehr akribisch die Natur der Frau und Frauenkrankheiten und schrieb dazu erstaunliche Verordnungen:

Unfruchtbarkeit und Empfängnis I:

„Wenn sich die Öffnung der Gebärmutter um sich selbst stülpt, bekommt die Frau ihre Regel nicht, oder aber das Blut fließt nur spärlich und ist von schlechter Beschaffenheit. Die Annäherung des Mannes bereitet ihr Schmerzen. Sie hat Beschwerden im Unterleibund im Kreuz. Wenn man den Muttermund mit dem Finger sucht, kann man ihn nicht finden."[5]

„Wenn sie ihre Regel bekommt, soll sie ihren Mann sehen, ohne sich zu waschen, mit nüchternem Magen, nachdem sie ihre Geschlechtsteile beräuchert hat."

Unfruchtbarkeit und Empfängnis II:

„Wenn sich die Gebärmutter auf den Hüftknochen legt, der sie hervortreten lässt, kommt es nicht zur Regel..."[6]

Wie die Ägypter und Hebräer unterlag auch Hippokrates dem Irrtum, dass die optimale Zeitspanne zur Empfängnis die der Periode sei.

Unfruchtbarkeit und Empfängnis III:

„Wenn die Öffnung der Gebärmutter vollkommen verstopft ist, wird sie hart wie eine grüne Feige. Wenn man den Finger einführt, findet man die Ränder hart und um sich selbst gestülpt. Die Frau ist außerstande zu empfangen. In diesem Falle müssen viele Waschungen mit warmen Wasser durchgeführt werden, müssen Pessare eingelegt werden, die die Gebärmutter geschmeidig machen, muß der Muttermund mit Hilfe einer Sonde oder eines Fingers geöffnet werden, viel befeuchten."[7]

Die sehr oft beschriebenen und verwendeten Pessare, wie sie Hippokrates bei einer solchen Weitung des Gebärmutterhalses verwendet, sind Gebärmutterstöpsel die man in die Vagina einführte um den Gebärmutterhals zu weiten. Meist waren die Pessare mit Ölen oder anderen Krampflösenden oder desinfizierenden Mitteln getränkt. Zusammensetzung eines Pessars wird im der folgenden Verordnung erläutert.

Unfruchtbarkeit und Empfängnis IV:

„Wenn die Frau nicht schwanger wird, weil sie ihre Monatsblutung nicht bekommt, sei es auf Grund einer Membrane, die den Durchfluss hindert, sei es als Folge eines anderen Hindernisses, das sie erkennt, wenn sie den Finger einführt, muss ein Pessar mit Harz, feinem Erzstaub und Honig angefertigt werden, welches sie in Leinen einschlägt und so weit wie möglich einführt; am Ende ist ein Faden zu befestigen um es wieder heraus ziehen zu können." [8]

Diesen Pessar aber auch verordnete Vaginaltampons wurden mit Hilfe einer ausgehöhlten Kalebasse (= Flaschenkürbis) eingeführt.

Mit Hilfe des „Halses" schob die Frau den Pessar in die Vagina um ihn so möglichst tief zu platzieren.

---

[5] Pecker, André (1990): Gynäkologie und Geburtshilfe vom Altertum bis zum Anfang des 18. Jahrhunderts, Band 2, Salzburg, Andreas & Andreas Verlagsbuchhandel

[6] Pecker, André (1990): Gynäkologie und Geburtshilfe vom Altertum bis zum Anfang des 18. Jahrhunderts, Band 2, Salzburg, Andreas & Andreas Verlagsbuchhandel

[7] Pecker, André (1990): Gynäkologie und Geburtshilfe vom Altertum bis zum Anfang des 18. Jahrhunderts, Band 2, Salzburg, Andreas & Andreas Verlagsbuchhandel

[8] Pecker, André (1990): Gynäkologie und Geburtshilfe vom Altertum bis zum Anfang des 18. Jahrhunderts, Band 2, Salzburg, Andreas & Andreas Verlagsbuchhandel

Abb. 11.: Kalebasse - Flaschenkürbis

Unfruchtbarkeit und Empfängnis V:

Weitere Maßnahmen zur Untersuchung bzw. Diagnose der Unfruchtbarkeit oder Empfängnis war die Geruchsprobe.

„Kochen sie eine Knoblauchzehe und machen sie daraus einen Pessar. Am Tag nach seiner Einführung nehmen sie ihn wieder heraus und führen sie den Finger ein, wenn der Muttermund sich zusammenzieht, wird die Frau schwanger; wenn er sich nicht um den Finger schließt, muß der Pessar von neuem angelegt werden. Sie können am Mundgeruch beurteilen ob die Frau schwanger ist oder nicht."[9]

Die Durchlässigkeit der Tuben ist eine Erklärung für diese oft angewandte Geruchsprobe, doch die Verbreitung von knoblauchartigem Geruch durch die Tuben war eine eher unzuverlässige Technik.

Eine weitere Geruchsprobe die von Aristoteles wieder aufgegriffen wurde lautet wie folgt:

„Wenn die Frau nicht schwanger wird und sie wissen will, ob sie fruchtbar ist oder nicht, muß sie ganz in Leinen oder Decken eingewickelt werden. Es ist eine Geruchsquelle unter sie zu geben, und wenn sie feststellen, dass der Geruch aus Nase und Mund der Frau dringt, können sie sicher sein, dass die Unfruchtbarkeit nicht von ihr herrührt."[10] Hippokrates spielt hier wohl auf die Unfruchtbarkeit des Mannes an.

Wachstum des Fötus

Hippokrates Hauptthese zur Schwangerschaft war, dass die Kopflage des Kindes in der Gebärmutter die einzig natürliche sei. Laut Hippokrates weitet sich das Becken in

---

[9] Pecker, André (1990): Gynäkologie und Geburtshilfe vom Altertum bis zum Anfang des 18. Jahrhunderts, Band 2, Salzburg, Andreas & Andreas Verlagsbuchhandel
[10] Pecker, André (1990): Gynäkologie und Geburtshilfe vom Altertum bis zum Anfang des 18. Jahrhunderts, Band 2, Salzburg, Andreas & Andreas Verlagsbuchhandel

der ersten Schwangerschaftsphase aus und das Gewicht des Kindes wird es im siebten Monat zur Kopflage bringen, da die Körperteile oberhalb des Bauchnabels

die schwersten sind. Im Corpus Hippocraticum wird beschrieben, dass sich der männliche Fötus bereits nach drei Monaten bewegt und sich in höchstens dreißig Tagen bildet. Der weibliche Fötus hingegen bildet sich erst nach zweiundvierzig Tagen und bewegt sich erst nach vier Monaten.

3.2 Beeinträchtigungen in der Schwangerschaft

Kam es dennoch, trotz oder Dank dieser Methoden zu einer Schwangerschaft so widmen wir uns hierzu dem griechischen Arzt Soranos. Er lebte von 98 – 117 n. Chr. in Rom und war der erst der in der Geburtshilfe weiterforschte und diese entwickelte.

Soranos schreibt, dass Probleme erst ab dem 40. Schwangerschaftstag auftreten und diese maximal vier Monate andauern konnten.

Abb. 12.: Soranos von Ephesus

Das Werk „Die Gynäkologie des Soranus von Ephesus : Geburtshilfe, Frauen-und Kinder-Krankheiten, Diätetik der Neugeborenen : Huber, J. C zu finden unter : Free Download & Streaming : Internet Archive - https://archive.org/details/b24870432 ist eine Übersetzung von Dr. phil. H. Lüneburg von Soranos´ Gynaikeía und zeigt das erste und das zweite Buch des Soranos von Ephesus über Geburtshilfe und Krankheiten von Mutter und Kind sowie die erste Zeit mit dem Neugeborenen bis hin zum Zahnen in den ersten zwei Lebensjahren

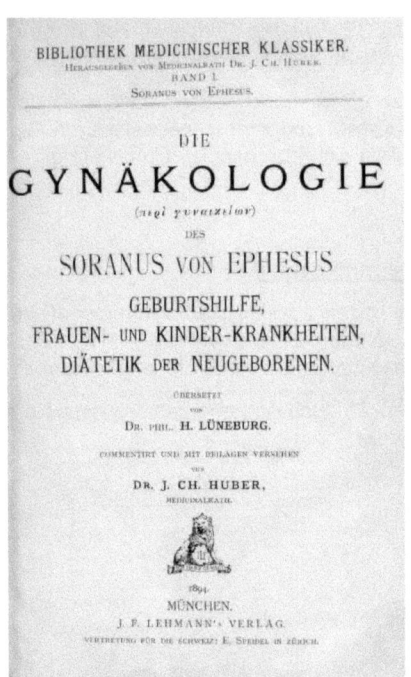

BIBLIOTHEK MEDICINISCHER KLASSIKER.
HERAUSGEGEBEN VON MEDICINALRATH DR. J. CH. HUBER.
BAND I.
SORANUS VON EPHESUS.

DIE

GYNÄKOLOGIE

(περὶ γυναικείων)

DES

SORANUS VON EPHESUS

GEBURTSHILFE,
FRAUEN- UND KINDER-KRANKHEITEN,
DIÄTETIK DER NEUGEBORENEN.

ÜBERSETZT
VON

DR. PHIL. H. LÜNEBURG.

COMMENTIRT UND MIT BEILAGEN VERSEHEN
VON

DR. J. CH. HUBER,
MEDICINALRATH.

1894.

MÜNCHEN.
J. F. LEHMANN'S VERLAG.
VERTRETUNG FÜR DIE SCHWEIZ: E. SPEIDEL IN ZÜRICH.

Abb. 13.: „Die Gynäkologie des Soranos von Ephesus; Geburtshilfe, Frauen – und Kinderkrankheiten, Diätetik der Neugeborenen"

Auszug aus den Verordnungen von Soranos:

In seinem ersten Buch in Kapitel fünfzehn „Gelüste der Schwangeren" sowie im zweiten Buch unter anderem im ersten Kapitel „Amenorrhoe und Dysmenorrhoe" beschreibt er die Beeinträchtigungen während bzw. in einer Schwangerschaft. Wir widmen uns diesen zwei Kapiteln und beginnen mit Kapitel 15, erstes Buch „ Gelüste der Schwangeren". Pica, Malacia und Pseudorexia werden diese Gelüste genannt. Pica wurde vom Eichelhäher abgeleitet und die verschiedenen Gelüste mit den verschiedenen Farben seines Gefieders verglichen.

Wie oben erwähnt beginnt die Pica laut Soranos schon am 40. Schwangerschaftstag und zeichnet sich durch Aufstoßen von Flüssigkeiten also Erbrechen oder Sodbrennen, Appetitlosigkeit, Verlangen nach nur einer bestimmten Speise aber auch sehr ungewöhnlicher Nahrung wie Kohle, Erde, sauren Weintrauben oder unreifem Obst aus.

Aber auch:

- Druckgefühl oberhalb des Bauches oder im Kreuz,

- Schwindel,

- Kopfschmerzen,

- Blässe,

- Abmagerung

- Harter Stuhlgang

- Brustschmerzen

- sowie leichtes Fieber

- und Gelbsucht wurden als eindeutige Beeinträchtigungen während der Schwangerschaft verzeichnet.

Soranos empfiehlt in diesem Kapitel in jedem dieser Fälle eine 1 – Tages Diät um zu allererst einmal den Magen zu schonen. Auch dem, heute ebenso präsentem „Aberglauben", für zwei zu essen rät Soranos strikt ab, da dies nur schadet und nicht ernährt. Er rät zur Ruhe aber nicht zur Bettruhe sondern zu warmen Bädern, den Körper mit Leinentüchern abfrottieren um die Blutzirkulation anzuregen und abschließend mit Salben einzucremen.

Leichte Kost wie Geflügel, Weizenbrot und Brei, aber auch der Genuss von Wein jedoch in Maßen, sowie leichte Bewegung wie Spaziergänge und gymnastische Spiele stehen in Soranos Verordnungen gegen die Schwangerschaftsbeschwerden.

Ist der Brechreiz jedoch so heftig und mit Diäten und Schonkost nicht in den Griff zu bekommen empfahl Soranos feuchte Umschläge au unreifem Olivenöl welches eine zusammenziehende Wirkung hatte. Auch Öle aus Rosen, Quitten, Myrrhe und oder Mastix (Gummiharz der Mastix-Pistazienbäume) stärken einen flauen, schlechten Magen.

Bei anhaltender Übelkeit, trotz aller dieser Maßnahmen, empfiehlt Soranos als letzte Möglichkeit das Abbinden der Extremitäten, d.h. durch Einschnüren des Magens zieht sich diese zusammen. Auf die Gegend des Magenmundes wurde ein Schröpfkopf gesetzt und ein zweiter Schröpfkopf wurde gegenüber hinten am Rücken platziert.

Wenn auch diese Handlung nicht zur Besserung beitrug riet Soranos zu Kataplasmen (Breiumschläge aus weichen Pasten). Das Kataplasma war warm und bestand aus geschrotetem Mehl und Essig und sollte ebenfalls eine zusammenziehende Wirkung auf den Magen haben.

In den folgenden Kapiteln widmen wir uns den markierten Stellen im Inhaltsverzeichnis bereits erwähnten Werkes.

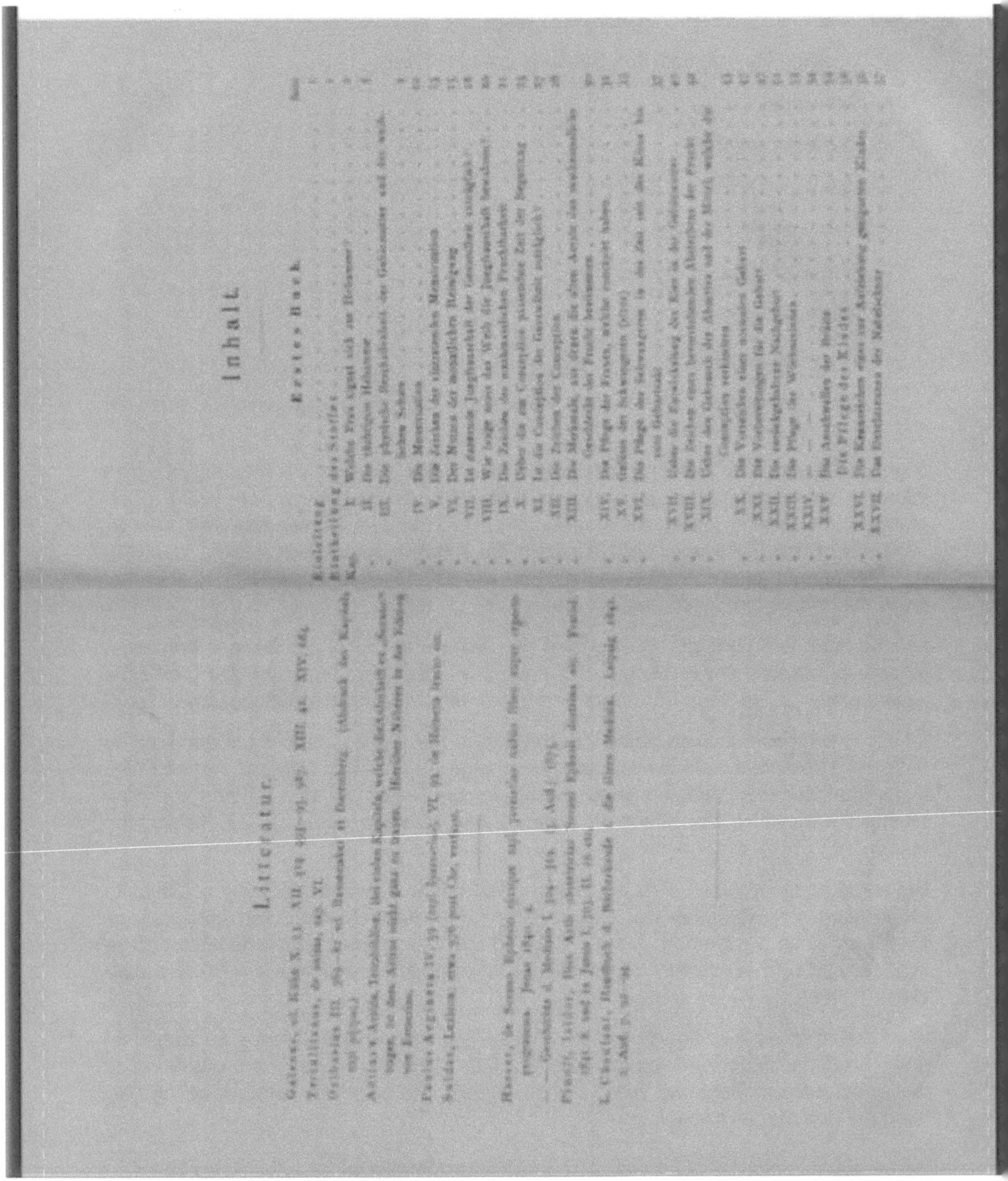

Abb. 14.: Inhaltsverzeichnis: „Die Gynäkologie des Soranos von Ephesus; Geburtshilfe, Frauen – und Kinderkrankheiten, Diätetik der Neugeborenen"

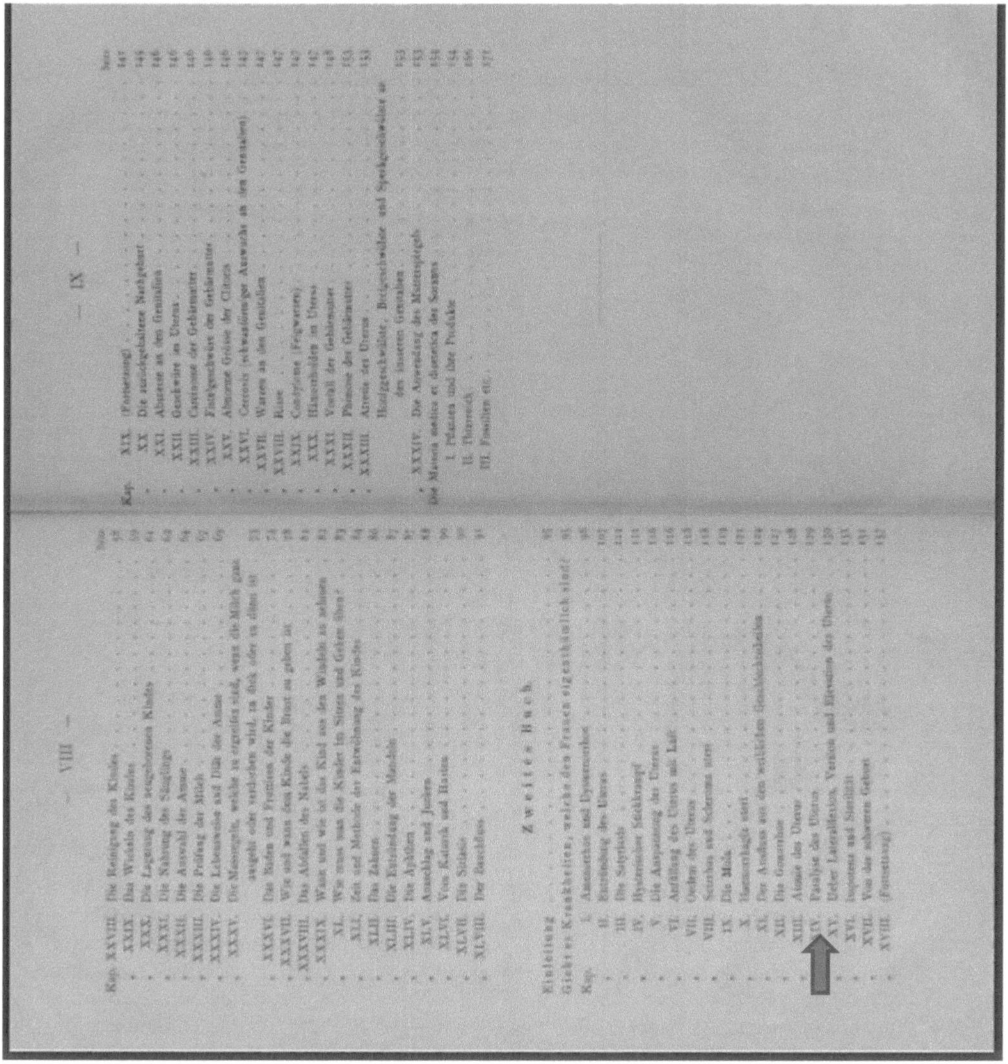

Abb. 15.: Inhaltsverzeichnis: „Die Gynäkologie des Soranos von Ephesus; Geburtshilfe, Frauen – und Kinderkrankheiten, Diätetik der Neugeborene

3.3 Gebärende Frauen im griechischen Altertum

Zwei Ziegel bzw. Steine erleichterten das Gebären den Frauen in Ägypten und ein vertrauteres Bild liefert uns der Geburtsstuhl in Griechenland. Dieser Stuhl war durchaus ein gängiges Hilfsmittel während der Geburt.

Abb. 16.: Geburtsstuhl, Frau stirbt bei Entbindung; Gebärende, Hebammen und Ehemann; 4.Jhdt. c. Chr.; Oropos - Griechenland

Dem Erscheinungsbild nach ähnelt er einem normalen Stuhl, war jedoch in der Mitte halbmondförmig ausgeschnitten. Links und rechts war er mit Brettern verschlagen und zu dem vorne und Hinten offen. Zum Abstützen während der Presswehen waren seitlich Querhölzer angebracht. Der Halbmond war so konstruiert, das die Gebärende nur mit dem Becken bzw. dem Gesäß Platz hatte und die Vagina schräg nach vorne für die Hebamme sichtbar war und der Säugling genug Platz bei der Entbindung hatte. Vorne war der Stuhl offen, damit die Hebamme hockend den Muttermund und den Geburtsvorgang beobachten und helfend eingreifen konnte. Die Rückenlehne reichte maximal bis zum Becken der gebärenden, um der Geburtshelferin von hinten Zugang zur Schwangeren hatte um ihr den Oberkörper zu stützen und gegebenenfalls und bei Bedarf von hinten auf den Bauch zu drücken um das Kind nach unten zu schieben.

Der Geburtsstuhl war quasi genormt, das heißt bei kleineren Frauen behalf man sich mittels einem Fußbänkchen und bei zierlichen Frauen wurden Leinentücher in die Zwischenräume geklemmt, um ihr einen sicheren Halt zu geben. Neben dem Geburtsstuhl, der eine Geburtshilfe darstellte gab es weitere Hilfen, neben der Hebamme, die die Entbindung erleichterten.

Nicht minder interessant oder wichtig ist für mich die hippokratische Sukkussion. Diese dient der Schwangeren zur Entbindungshilfe. Die Gebärende wird vertikal auf ein Brett gebunden und zwei Männer links und rechts stehend heben das Brett an. Wenn die Wehen bzw. die Presswehen eintraten, wurde das Brett auf ein Reisigbündel, das hinter der Schwangeren aufgebaut wurde, niedergelegt. Die hippokratische Sukkussion wurde nur dann angewendet, wenn die Entbindung schon zu lange dauerte und um dem Säugling das „runterrutschen" zu vereinfachen. Hippokrates praktizierte diese Sukkussion sogar bei einem Prolaps der Gebärmutter (= Gebärmuttersenkung, wenn die Gebärmutter aus ihrer normalen Lage im Becken Richtung Scheide absinkt). Im Unterschied zum ersten Beispiel der Sukkussion, wurde die Gebärende bei einem Prolaps der Gebärmutter mit dem Kopf nach unten an das Brett gebettet. Euryphon aus Knidos hatte diese Methode schon ein Jahrhundert vorher angewendet und somit ist Hippokrates nur der Namengeber und nicht der Erfinder der hippokratischen Sukkussion.

Im Kapitel 20 „Die Vorzeichen einer normalen Geburt" des ersten Buches werden Punkte aufgeführt um die nahende Geburt zu erkennen und um die nötigen Vorbereitungen zu treffen:

- Schwere im Unterleib und Magengegend
- brennen an den Genitalien
- Schmerzen in den Leistendrüsen
- Schmerzen in den Hüften
- Schmerzen unterhalb des Uterus

„Der Uterus senkt sich gegen die Vulva zu, so das die Hebamme bei der Untersuchung ihn leicht betasten kann, der Muttermund sich lockert, sich öffnet und Schleim absondert. Im Verhältnis zur Annäherung an den Augenblick der Geburt fallen die Lenden zusammen, mit den Leisten schwillt zugleich der Venusberg an und es tritt anhaltender Harndrang ein. Es entleert sich zunächst eine schleimige und feuchte Masse, dann bei den meisten auch Blut, indem die feinen Gefässe des Chorion bersten." [11]

Mit dieser ausführlichen Beschreibung wird auf die bevorstehende Geburt hingewiesen und im folgenden Kapitel 21 „Die Vorbereitungen für die Geburt" auf die nötigen Utensilien für die Hebamme aufmerksam gemacht:

- Öl für Injektionen und Anfeuchtung
- warmes Wasser zum Waschen der Genitalien
- warme Umschläge zur Linderung der Wehen
- weiche Schwämme zum Abwaschen
- Wolle zum Bedecken der Geschlechtsteile
- Binden zum Windeln des Neugeborenen

---

[11] Die Gynäkologie des Soranus von Ephesus : Geburtshilfe, Frauen-und Kinder-Krankheiten, Diätetik der Neugeborenen : Huber, J. C zu finden unter : Free Download & Streaming : Internet Archive - https://archive.org/details/b24870432

- ein Kopfkissen zum Hinlegen des Neugeborenen
- Riechmittel zur Erfrischung der Gebärenden
- Geburtsstuhl / Geburtssessel
- zwei Betten
- ein zum Gebären passendes Zimmer

Die Riechmittel bestanden zumeist aus Polei, armenischem Bolus, gebranntem Mehl, Quitten, Zitronen oder reifen Melonen.

3.4 Geburtsfördernde Mittel für Mutter und Kind

Selbstverständlich gab es auch bequemere Mittel einen Geburtsvorgang voran zu treiben, als das Drücken auf den Bauch oder an ein Brett gefesselt zu sein. Jede Geburt ist für die werdende Mutter ein physischer als auch psychischer Kraftakt. Zur psychischen Unterstützung gaben die Hebammen, wie auch in Ägypten geschnittene Steine und Amulette als Glücksbringer. Zur physischen Unterstützung behalf man sich aus dem Pflanzen- und Tierreich.

Im Corpus Hippocraticum findet man einige Verordnungen zur Geburtsförderung, aber auch in der Gynaikeía des Soranos sind vielerlei Hilfsmittel beschrieben.

Corpus Hippocraticum:

„Frucht einer weiß gewordenen Eselsgurke, in Wachs gedrückt und mit roter Wolle umwickelt"[12] soll abführend, brechreizend und als Abortivum wirken. Der Druck der auf den Bauch durch das Erbrechen ausgeübt wurde, führte dazu, dass die Wehen bzw. Presswehen angeregt wurden und das Kind zur Bewegung nach unten getrieben wurde. Auch Saubrot- bzw. Alpenveilchenwurzeln wurden an die Schenkel der Gebärenden gebunden. Alpenveilchenwurzeln wirken krampflösend und bewirken somit Entspannung für die Frau. Durch die Entspannung kann sich der Muttermund wieder öffnen und der Geburtsvorgang kann beschleunigt werden. Wichtig bei dieser Anwendung ist, dass die Alpenveilchenwurzeln sofort nach der Geburt bzw. bestenfalls noch vor der Entbindung entfernt werden, da die Wurzeln hochgiftig sind und eine Gefahr für das Neugeborene darstellen. Die Wurzeln dürfen nur eine kurze Zeit an die Schenkel gebunden werden, da auch für die gebärende das Risiko der Vergiftung sehr hoch ist.

Eine sehr bizarre und für mich unlogische Behandlungsmethode ist:

„...in Öl aufgelöstes Schwalbennest auf die Hüften der Gebärenden zu streichen."[13] Da ich keine Erläuterung zu dieser Anwendung fand, kann ich nur Mutmaßen und behaupte, dass zum ersten die streichenden Bewegungen bzw. das massageartige auftragen den Geburtsvorgang begünstigen. Zweitens könnte das Öl mit ätherischen Substanzen versehen sein und es wird eine derartige Wirkung erzielt. Auch heute

---

[12] Pecker, André (1990): Gynäkologie und Geburtshilfe vom Altertum bis zum Anfang des 18. Jahrhunderts, Band 2, Salzburg, Andreas & Andreas Verlagsbuchhandel

[13] Pecker, André (1990): Gynäkologie und Geburtshilfe vom Altertum bis zum Anfang des 18. Jahrhunderts, Band 2, Salzburg, Andreas & Andreas Verlagsbuchhandel

noch wird bei Rückenschmerzen während der Schwangerschaft von einer Massage mit Ölen abgesehen, da das vorzeitige Wehen auslösen kann. Das Schwalbennest gilt heute als Delikatesse und wird hauptsächlich auf Grund des hohen Eiweißgehalts verspeist. Da die Wehen erst ausgelöst werden wenn das Kind selbständig atmen kann und für den Atemprozess Eiweiß die Lunge aktiviert, könnte auch dies den Geburtsvorgang beschleunigen. Wie gesagt sind das Vermutungen meinerseits zu diesem geburtsfördernden Mittels und demnach nicht wissenschaftlich bewiesen.

Wenn nun das Kind das Licht der Welt erblickte und erstversorgt wurde, war noch die Nachgeburt abzuwarten. Auch hierzu findet man im Corpus Hippocraticum Mittel die diesen Prozess vorantreiben bzw. erleichtern.

„Myrrhe treibt die Leibesfrucht und bringt die Nachgeburt in Bewegung."[14] Diese Pflanze wurde als Aufgussgetränk verabreicht oder in Öl auf das Becken und den Bauch gestrichen. Myrrhe wirkt wieder betäubend, erwärmend , zusammenziehend und entspannend. Die Gebärmutter wurde stimuliert und die Nachgeburt in Bewegung gebracht werden.

Wie schon erwähnt hatten diese Hilfsmittel die Geburtshelferinnen und wurden zum richtigen Zeitpunkt verabreicht um einen normalen Geburtsverlauf zu gewährleisten.

3.5   Hebammen im griechischen Altertum:

Als „ Geburtshelferin der Seelen" bezeichnete Sokrates seine Mutter Phenarete, denn er war stolz darauf, dass sie eine Hebamme ist. Platon beschrieb sie als ältere Frauen die mit Zauberformeln und Medikamenten die Wehen einleiten und so die Geburt sichern. Damals gab es keine Festlegung des Arbeitsfeldes, das Heißt sie wurden als Kräuterfrauen, Ärztinnen, Wehemütter und auch Hebammen bezeichnet. Soranos erwähnt Hebammen erstmals in seinem ersten Buch der Gynaikeía ausführlicher und beschreibt die Anforderungen an eine Hebamme.

Im ersten und zweiten Kapitel „Welche Frau eignet sich zur Hebamme" und „Die tüchtigste Hebamme" im ersten Buch von Soranos geht er genau auf die Eigenschaften die eine Hebamme mitbringen soll ein. Er betont diese

Eigenschaften deshalb um ungeeignete Personen von diesem Arbeitsfeld gänzlich auszuschließen.

Sowohl bestimmte Grundkenntnisse als auch körperliche Eigenschaften sind Soranos hinsichtlich der Ausübung der Geburtshilfe wichtig:

- Kenntnis des Lesens und des Schreibens um auch die Theorie dieses Berufes zu erlernen;
- Scharfer Verstand um Gehörtes und Gesehenes zu verstehen;
- Gutes Gedächtnis um sich das in der Theorie und Praxis erlernte zu merken und zu verstehen;

---

[14] Pecker, André (1990): Gynäkologie und Geburtshilfe vom Altertum bis zum Anfang des 18. Jahrhunderts, Band 2, Salzburg, Andreas & Andreas Verlagsbuchhandel

- Fleiß und die Liebe zur Hebammenarbeit um auch in Stresssituationen und Leidenswegen, die verständnisvolle Unterstützung zu sein die eine Gebärende zu dem Zeitpunkt braucht;
- Ehrbarkeit, da ihr das Hauswesen bzw. Privatgeheimnisse anvertraut werden. Soranos beschreibt in diesem Punkt, dass ein schlechter Charakter und die medizinischen Kenntnisse zu Intrigen führen könnten quasi Missgunst oder Bestechlichkeit;
- Normale Sinnesorgane und kräftige gesunde Gliedmaßen, da die Hebamme mit Augen und Ohren untersuchen muss und die Geburtshilfe ebenso wie eine Geburt einem Kraftakt gleicht, musste sie dem standhalten könnten.
- Weiters musste die Hebamme auch weite bzw. anstrengende Wege auf sich nehmen um zur Gebärenden zu kommen. Vor allem aber gepflegte Hände und gerade Finger mit kurzen Fingernägeln waren für Soranos ein Muss, um die Gebärenden bei etwaigen inneren oder äußeren Entzündungen nicht zu verletzen.

Im zweiten Kapitel schreibt Soranos über die tüchtigste Hebamme. Er beschreibt was eine gut ausgebildete Hebamme ausmacht und wie man diese erkennt. Fertig ausgebildet ist nah Soranos, die die die komplette Theorie dieses Faches beherrscht, was sie aber nicht zur tüchtigsten macht. Diejenige die auch in der Praxis schon viele Erfahrungen gesammelt hat zählt für ihn zu den tüchtigsten, ganz gleich ob sie selbst schon ein Kind geboren hat oder nicht. In dieser Hinsicht hebt sich Soranos von der Mehrheit ab, die behauptet es sei unumgänglich selbst geboren zu haben um als Hebamme zu arbeiten bzw. „mitreden" zu können.

Ihm liegt viel mehr daran, dass die Geburtshelferin in schwierigen Situationen Ruhe bewahrt und die richtigen Entscheidungen trifft. Die Hebamme muss in der Lage sein diätisch, chirurgisch oder pharmazeutisch einzugreifen wenn notwendig um die Schmerzen der Gebärenden zu lindern oder zu heilen.

Falls es zum Tod der Mutter oder dem Kind kam, musste die Hebamme auch hier Ruhe bewahren und dementsprechende Anweisungen geben, Mitgefühl zeigen und nüchtern handeln.

Wie schon erwähnt sollte sie einen ehrbaren Charakter haben, aber auch frei von Aberglauben, schwarzer Magie und unbestechlich sein, so dass sie kein Geld annahm um Abreibungen vorzunehmen oder sonstige mystische Anwendungen zu physischen Heilung vornahm. Auch der Konsum von Alkohol oder andren Sinneserweiternden Mitteln wurde untersag um bei vollem Bewusstsein zu sein egal zu welcher Tageszeit sie zur Geburtshilfe gerufen wurde. Soranos untersagte auch das Stricken und die Handarbeit an sich, da diese Arbeiten die Hände hart und krumm machten. Hebammen die von Haus aus harte, krumme oder raue Hände hatten mussten diese mit Salben und Ölen eincremen um sie weicher zu machen.

Aber nicht nur während dem Geburtsakt waren Hebammen anwesend, sondern auch in der Zeit davor quasi der Geburtsvorbereitung. In Kapitel 16 „Die Pflege der Schwangeren in der Zeit der Kissa bis zum Geburtsakt" im ersten Buch werden Empfehlungen zur Vorbereitung abgegeben. Kissa ist die Zeit der Beeinträchtigungen in der Schwangerschaft beginnend (lt. Soranos) mit dem vierzigsten Schwangerschaftstag bis zum individuellen Ende der gesundheitlichen Probleme. Anweisungen an die Schwangere je nach Kräften als auch die Hebamme:

- Schaukelübungen

- Spaziergänge

- Redeübungen

- Lesen

- mit Salben eincremen

- reichlich Nahrung, mit Verweis auf Schonkost bzw. Übersättigung zu vermeiden

- Wein trinken

- warme Bäder

- Zerstreuung des Gemüts in jeglicher Art

- Reichlich Schlaf um kräftig die Geburt zu überstehen und auch der Fötus wächst mit diesen Verordnungen und erhält ausreichen Nahrung.

Sehr ausführlich wird die Begründung ab dem 7. Schwangerschaftsmonat sich vorsichtiger zu bewegen, erläutert:

„§55. Im siebten Monate soll man dann von den stärkeren Bewegungen, namentlich den Fahrten, Abstand nehmen und in sonstigen Bewegungen behutsamer sein. Denn während im Beginn der Gravidität ein Krampf gefährlich werden kann, so lange der Samen noch nicht fest geworden und Konsistenz gewonnen hat und so leicht nicht aus dem Uterus sich ablöst, muss man in der späteren Zeit, wo der ausgebildete Foetus einen Druck ausübt, befürchten, dass bei grösserer Unruhe das Chorion reisst und dann das angesammelte Fruchtwasser abfliesst, im Falle einer trockenen Gravidität der in die Geburtswege eingetretene Foetus mit der Schwangeren in Gefahr komme. In der mittleren Zeit aber sicher gebettet ist, das Chorion weder zu schlaff noch zu angespannt ist und den Embryo besser umschliesst. Auch soll man billiger Weise auf die Anschwellung des Bauches Acht geben, ob sich nicht daraus Anzeichen der nahen Geburt zeigen."[15] Als Chorion wird heute die Fruchthöhle das den Embryo umschließt bezeichnet. Gravidität ist beim Menschen die Bezeichnung für Schwangerschaft aber auch die Trächtigkeit bei Tieren.

Da auch im Altertum schon Frühgeburten ein Thema waren wurde besonders auf sogenannte Vorboten geachtet und für einen früheren Geburtsakt alles vorbereitet. Wenn sich jedoch alles „normal" entwickelt sollte die Schwangere und ihre Hebamme weiters alle Vorschriften beachten:

Beim Frottieren vorsichtig sein, vor allem aber auf die Brustwarzen achten da diese sehr empfindlich sind und sich bei Verletzungen Abszesse bilden können. Ebenfalls

---

[15] Die Gynäkologie des Soranus von Ephesus : Geburtshilfe, Frauen-und Kinder-Krankheiten, Diätetik der Neugeborenen : Huber, J. C zu finden unter : Free Download & Streaming : Internet Archive - https://archive.org/details/b24870432

auf Grund der empfindlichen Brustwarzen wurde geraten die Brustbinden zu lockern um das gleichmäßige Anschwellen der Brüste zu gewährleisten.

Wenn sich schon das Ende der Schwangerschaft abzeichnet so schreibt Soranos:

„§56. Im achten Monate, den man euphemistisch als den leichten Bezeichne, der aber in der Wirklichkeit alle Beschwerden in erhöhtem Masse auftreten lässt, soll man die Quantität der Speise beschränken, von Bewegungen nur in der Sänfte oder auf einem langen Sessel zulassen, es sei denn, dass eine nicht bis zu Ende das Verlangen trüge, spazieren zu gehen. Wenn aber die Beschwerden zunehmen, wird es gut sein einen Tag zu pausieren, auf das durch Ruhe diese gehoben werden. Das Baden im kalten Wasser, wie es die Menge liebt, soll man nicht gestatten, weil Schwangere Zusammenziehungen nicht ertragen, unter denen sie, wenn sie zu ungelegener Zeit gegessen haben, sehr viel leiden. Denn zersetzte Nahrung nährt nicht nur nicht, sondern schaffen auch Beschwerde. Auch das Bad ist zu einem gewissen Grade zu verwerfen."[16]

All diese Verordnungen haben einen gemeinsamen Nenner und zwar, dass alle Wehen fördernd sind, d.h. warme Bäder, Bewegung etc. kurbeln die Wehen Tätigkeit an und können eine Sturzgeburt auslösen.

Weiters wird der Schwangeren auch vom Geschlechtsverkehr gänzlich abgeraten. Durch die Bewegungen und Erschütterungen wird die Gebärmutter gereizt und dies hat einen vorzeitigen Geburtsakt zur Folge. Auch auf die Folge die Fruchtblase zu verletzen und einen vorzeitigen Fruchtwasserabgang zu riskieren wird ausdrücklich hingewiesen.

Bei einem „Hängebauch", der auf jeden Fall im achten Monat eintritt, da sich das Kind samt Fruchtblase senkt um sich zu drehen und sich somit auf den Geburtsakt vorbereitet, wird zu einer Bauchbinde zur Unterstützung geraten. Die Mitte der Binde wird unter dem Bauch platziert, hinten gekreuzt und über den Rücken und die Schultern geschlagen um sie dann vorne wieder zuzubinden. Schwangerschaftsstreifen waren offensichtlich damals schon unschön und so rät Soarons: „Man darf den schwangeren Leib auch salben mit einer Ceratsalbe, welche mit Oel aus unreifen Oliven und mit Myrte bereitet ist. Auf solche Weise stärkt sich die Haut, bekommt keine Schwangerschaftsnarben striae gravidarum) und bleibt frei von Runzeln."[17]

Wenn das Ende der Schwangerschaft naht und weder Senkwehen noch Wehen zu spüren waren so werden in diesem Buch beschleunigende Mittel beschrieben um den Geburtsakt voranzutreiben:

„Nach dem achten Monate soll man die Binde wieder lösen, wann der Augenblick der Geburt naht. Denn das Gewicht wird den Geburtsakt beschleunigen. Oefter soll man jetzt baden, um die Geschlechtstheile zu erschlaffen, und in süssem und warmen Wasser schwimmen. Denn die natürlichen Mittel zeigen dieselben kräftigen Wirkungen wie die Mittel, welche zur Abtreibung der Leibesfrucht angewendet werden. Auch ist es zweckmässig die Geschlechtstheile erschlaffen zu machen durch Schwitzbäder

---

[16] Die Gynäkologie des Soranus von Ephesus : Geburtshilfe, Frauen-und Kinder-Krankheiten, Diätetik der Neugeborenen : Huber, J. C zu finden unter : Free Download & Streaming : Internet Archive - https://archive.org/details/b24870432
[17] Die Gynäkologie des Soranus von Ephesus : Geburtshilfe, Frauen-und Kinder-Krankheiten, Diätetik der Neugeborenen : Huber, J. C zu finden unter : Free Download & Streaming : Internet Archive - https://archive.org/details/b24870432

oder Sitzbäder, welche aus dem Dekokt von Leinsamen oder Bockshorn oder Malve bereitet sind, durch die Einspritzungen mit süssem Oele, endlich durch Pessarien aus Gänsefett und Mark. Auch die Hebamme selbst soll fortwährend mit dem Finger den Muttermund öffnen und ringsherum salben."18

Im nächsten Kapitel „Geburtsfördernde Mittel für Säuglinge" dieser Arbeit, möchte ich auf die von Hippokrates im Corpus Hippocraticum bevorzugten Hilfsmittel eine Geburt voranzutreiben hinweisen. Die von Hippokrates beschriebenen Hilfsmittel wie Öle und Cremen, sowie Myrrhe, Alpenveilchen etc. die die Frucht in Bewegung bringen sollen, decken sich zum größten Teil mit den Verordnungen von Soranos. Bis auf wenige Ergänzungen die ich hier noch hinzugefügt habe wie z.B.: Sitzbäder, etc. sind die Zusammensetzungen der Arzneien auf Pflanzen- und Tierwelt ähnlich bis gleich.

3.6 Probleme bei der Geburt

„Schliesslich soll die Hebamme das Kind allein empfangen und zu diesem Zwecke die Hände vorher mit Leinwand oder, wie es in Aegyten Brauch ist, mit den Fasern der zarten Papyrusstaude bedecken, damit das Kind nicht zu Boden gleitet noch gequetscht wird, sondern sanft gebettet ist. Folgt dem Kinde zugleich auch die Nachgeburt, so kann man in der Behandlung ungestört fortfahren." 19

Doch oftmals blieb die Nachgeburt noch zurück und selbst dazu hatten Hippokrates und Soranos und andere sehr ausführliche Aufzeichnungen gemacht und entsprechende Anweisungen und Verordnungen parat.

Für den Fall, dass die Nachgeburt sich nicht sofort löst und nachkommt empfiehlt Hippokrates sogenannte Niesmittel. Die Nasenflügel drückte man beim Niesen zusammen und dadurch sollte mit dem druck die Nachgeburt folgen.

Euryphon aus Knidos riet zu harntreibenden Getränken aus Dictamus und Elelisphakos, sowie zu Pessaren und Seifenkraut, Iris, spanischen Fliegen und Honig.

Eine eher schroffere bzw. brutalere Variante war es die Frau an eine Leiter zu binden. Die Leiter wurde aufgestellt und man ließ diese auf den Boden krachen. Durch diese Erschütterungen auf den Boden wollte man die Frau dazu bewegen die Nachgeburt abzusondern. Von Sostranos und Apollonios aus Prusia wurde empfohlen die Nachgeburt zu greifen und einfach rauszuziehen, was jedoch nicht ratsam ist da dies erhebliche innere Verletzungen verursachen kann. Eine weitere Methode die Nachgeburt zu holen war, in einem Kupferkessel verschiedene Kräuter wie Nardus, Zimt, Marrubium, Artemisia, Dictamus, Lilien, Rosen und Honig anzuzünden. Die Kräuter und Pflanzen wurden verbrannt und der Kessel wurde verschlossen und mit einem Rohr an einer Öffnung des Kessels verbunden. Das andere Ende des Rohrs wurde in die Vagina eingeführt um mit Beräucherung de Nachgeburt zu lösen.

---

18 Die Gynäkologie des Soranus von Ephesus : Geburtshilfe, Frauen-und Kinder-Krankheiten, Diätetik der Neugeborenen : Huber, J. C zu finden unter : Free Download & Streaming : Internet Archive - https://archive.org/details/b24870432
19 Die Gynäkologie des Soranus von Ephesus : Geburtshilfe, Frauen-und Kinder-Krankheiten, Diätetik der Neugeborenen : Huber, J. C zu finden unter : Free Download & Streaming : Internet Archive - https://archive.org/details/b24870432

Getränke aus Myrrhe, Petersiliensamen, Schwarzkümmel oder anderen treibenden Nahrungsmitteln wurden ebenfalls verordnet. Doch all diese Methoden bargen ein hohes Verletzungsrisiko. Das Niesmittel als eher harmloseste Variante barg schlussendlich ein Nervenleiden durch die giftigen Dämpfe. Mixturen zum Trinken wurden auf Grund von anhaltendem Erbrechen als Magenschädigend bezeichnet und führten zu ständigen Kontraktionen. Auch von der „Leiter – Methode" wurde abgeraten da diese zu starken Verletzungen führte. Die Nachgeburt einfach herauszuziehen hing zunächst einmal davon ab ob der Muttermund geöffnet war oder nicht. Bei geschlossenem Muttermund war dies ohnehin nicht möglich. Wenn aber doch die Möglichkeit bestand das Ende der Nachgeburt zu fassen verursachte das Zerren daran wie schon erwähnt innere Verletzungen, das die Nachgeburt meist angewachsen war oder es entstanden Entzündungen durch das gewaltsame Ablösen. Selbst die Räuchermethode war gefährlich, da auch sie zu erheblichen Entzündungen durch die Rußpartikel aber vor allem zu Verbrennungen führte.

Wenn aber schon zu Beginn der Geburt Probleme entstehen und somit das Gebären nahezu unmöglich scheint so findet man im zweiten Buch unter dem Kapitel 17 „Von der schweren Geburt" auch dazu Aufzeichnungen und mögliche Erklärungen einer Problemgeburt.

„§54. Der Schüler des Herophilos Demetrios führt dagegen aus, die Ursachen des Dystokie liegen theils in der Mutter, theils im Kind und theils in den Gebärorganen.Die Ursachen der Dystokie, welche von der Mutter ausgehen, liegen entweder in ihren psychischen oder in ihren animalischen, d.h. leiblichen Fähigkeiten (resp. Qualitäten). Derartig wirkende psychische Zustände sind Betrübniss, Freude, Schrecken, Furcht oder allzu grosse Empfindlichkeit Weichlichkeit), Ohnmacht. Denn manche Frauen verweichlichen in Schwelgerei und verlernen die Anstrengung. Sie vermögen daher auch nicht die Wehen zu verarbeiten, und können somit nicht gebären. Auch umflortes Bewusstsein ist ein Grund der Dystokie, indem der Schmerz nur schwach gefühlt wird. Dies kann man von Frauen annehmen, welche von Apoplexie und Lethargie befallen sind. Auch die Einbildung der Frau, sie habe gar nicht empfangen, wirkt erschwerend auf die Geburt. Physische, in dem Zustand des Körpers begründete Ursachen sind: mangelnde Verdauung, Appetitlosigkeit, Abzehrung, erschwertes Atmen, hysterische Beschwerden."[20] Für die Dystokie findet man in diesem Buch die Beschreibung „irgendeine Art schwere Geburt", und somit nicht dezidiert was genau damit gemeint ist. Wenn man Dystokie nachschlägt findet man für diesen altgriechischen Ausdruck die Erklärung eines gestörten Geburtsverlaufs aus welchem Grund auch immer und damit eine erschwerte Entbindung.

Weitere Ursachen die eine Entbindung erschweren bzw. den Geburtsverlauf stören sind:

- Frauen mit breiten Schultern und schmalen Hüften
- Muttermund ist verschlossen, verhärtet oder nicht gerade
- wenn das Kind nicht mit dem Kopf sondern mit den Füßen voran liegt
- wenn das Kind schief liegt, also mit der Hüfte zum Muttermund
- hochgewachsene Frauen, da die Proportionen nicht stimmen

---

[20] Die Gynäkologie des Soranus von Ephesus : Geburtshilfe, Frauen-und Kinder-Krankheiten, Diätetik der Neugeborenen : Huber, J. C zu finden unter : Free Download & Streaming : Internet Archive - https://archive.org/details/b24870432

- Krankheit der Gebärmutter(entzündet, erschlafft, erhitzt, gelähmt)
- wenn das Kind zu groß ist
- wenn einzelne Körperteile des Kindes zu groß sind (Kopf zu groß, Brust zu breit, Hüfte zu ausgedehnt, Wasserkopf)
- wenn bei Mehrlingsgeburten zwei oder drei Kinder gelichzeitig in den Geburtskanal gerutscht und somit verkeilt sind
- wenn das Kind bereits tot ist und so nicht bei der Geburt mitwirken kann, auch das Aufschwellen des toten Körpers erschwert die Geburt ungemein.

Ebenfalls erwähnt wird das Zusammenspiel der erschwerten Geburt und den Frauen die zu jung geheiratet haben. Da die Gebärmutter noch nicht zur Gänze ausgewachsen ist und die, in so einem Fall Mädchen, dann schwanger werden ist das Risiko einer Problemgeburt sehr hoch. Das Kind ist damit zu groß für die Gebärmutter und auch der Muttermund und der Geburtskanal sind für einen optimalen Geburtsverlauf noch nicht ausgeprägt.

„§58. Die aufgezählten Ursachen der Dystokie sind theils ganz leicht, theils weniger leicht auffindbar. Übermässige Trauer welche schlaff und matt macht, sowie die übrigen psychischen Ursachen können anamnestisch als der Geburt hinderliche Momente erhoben werden. Schlafsucht und Lethargie sind leicht zu konstatieren. Auch sind die Anzeichen der Gemüthsbewegungen in dem Buche über die akuten Krankheiten nachzulesen. Die Grösse des Embryo als Ursache der Dystokie erkennt man an dem Umfang des Bauches. Wenn beim Austritt (der Frucht) nicht im gleichen Verhältniss damit die Anschwellung des Bauches vermindert, so kann man das Vorhandensein mehrerer Embryonen annehmen. Die Seitenlagen, das Hervorstrecken der Hände, überhaupt die Lage des Kindes lässt sich durch Touchiren feststellen. Wenn das Kind am Leben ist, so hat die Kreisende Wehen, und der Leib spannt sich, das Epigastrium wird warm befunden, ebenso der Embryo beim Anfühlen und letzterer auch frisch. Ist das Kindt todt, so hat die Kreisende nicht so heftige Wehen, ihr Unterleib ist kalt, beim Einführen der Finger ist am Embryo weder Wärme noch Atem zu spüren; fällt ein Theil des selben hervor, so sieht er schwarz und abgestorben aus, Krankheiten der Gebärmutter erkennt man durch Manualuntersuchung, wobei wir uns auf die oben besprochenen Zeichen beziehen. Leidet die Frau bei der Geburt so ist die Grösse der Gefahr aus dem Pulsschlag und der Respiration zu erkennen, den nahenden Tod zeigen die Schwäche des Pulses und andere Todeszeichen an."[21]

Wenn auch eine Geburt neues Leben bedeutet so war es im Altertum durchaus alltäglich sich mit einer Todgeburt oder dem Tod der Mutter auseinander zusetzten. So wird im Kapitel der Hebammen darauf hingewiesen, dass auch diese Seite zum Berufsbild gehört in dem sie dementsprechend handeln soll und kann. Aber auch in den medizinischen Aufzeichnungen wurde ganz sachlich festgehalten wie man diese Situation erkennt, wie man eine Todgeburt feststellt vor allem aber wie man diese verhindern kann in dem man Anweisungen an die schwangeren Frauen richtete.

---

[21] Die Gynäkologie des Soranus von Ephesus : Geburtshilfe, Frauen-und Kinder-Krankheiten, Diätetik der Neugeborenen : Huber, J. C zu finden unter : Free Download & Streaming : Internet Archive - https://archive.org/details/b24870432

4. Nachwort:

Für meine Seminararbeit „ Geburtsheilkunde – Frauenmedizin" für das Seminar „Ausgewählte Themen zur antiken Medizin" bei Herrn Mag. Dr. Rupert Breitwieser habe ich sehr viel Recherchearbeit und einen Mangel an Quellen und Literatur befürchtet. Zu meiner großen Verwunderung aber, fand ich eine Masse an Literatur zu diesem sehr interessanten Thema. Nach sorgfältiger Auslese und Stunden des Lesens, bin ich zu der Erkenntnis gekommen, dass die Geburtshilfe im Altertum medizinisch eine sehr große Bedeutung beigemessen wurde und diese bis ins komplexeste Detail untersucht und dokumentiert wurde. Wie man in der Seminararbeit erkenn war mir Die Gynäkologie des Soranus von Ephesus : Geburtshilfe, Frauen-und Kinder-Krankheiten, Diätetik der Neugeborenen : Huber, J. C. eine sehr hilfreiche vor allem aber aufschlusreiche Litertur. Wendet man heute zwar nicht mehr diese Tinkturen, harntreibenden Getränke, Mixturen jeglicher Zusammensetzung oder Foltermethoden an, so sind andere Arbeitsweisen wie Bäder, Bewegung, aber auch der Druck auf den Bauch durch die Hebamme beim Geburtsvorgang durchaus immer noch gängig.

Als Ergebnis dieser schriftlichen Arbeit, kann ich nun zusammenfassen, dass die heutige Hebammenarbeit schon seit dem Altertum besteht und die Praktiken sowohl damals als auch heute zum gewünschten Ergebnis führen. Die damaligen medizinischen Untersuchungsmethoden waren simpler als die heutigen, gaben aber einen sehr detaillierten Einblick in den weiblichen Körper und den Prozess einer Schwangerschaft bis hin zum Geburtsakt. Doch nicht nur der physische Aspekt wurde Untersucht, nein auch der psychische Druck dem eine Schwangere ausgesetzt ist wurde nicht außer Acht gelassen und in die Untersuchungen und Aufzeichnungen miteingeflochten.

5. Legende

Abortivum = Substanz mit der man einen Schwangerschaftsabbruch herbeiführen kann

Amenorrhoe = ausbleiben der Monatsblutung

armenischer Bolus = armenische Tonerde

Artemisia = pflanz. Korbblütler z.B.: Wermut, Edelraute, Stabwurz

Bockshorn = Klee (pflanz.)

Ceratsalbe = Salbe aus Zink, Bienenwachs, Olivenöl und Wollwachs

Chorion = Fruchthöhle in dem der Embryo liegt

Dekokt = Sud von abgekochten Hölzern, Rinden und Wurzeln

Dictamus = Pflanzenart; Lippenblütler; Gattung: Dost

Dysmenorrhoe = unregelmäßige Monatsblutung

Dystokie = gestörter Geburtsverlauf

Elelisphakos = Salbei

Epigastrium = Oberbauch

Fibrom = Bindegewebsgeschwulst

Gravidität = Schwangerschaft

Kalebasse = Flaschenkürbis

Kissa = Zeit in der Schwangerschaft (40. SST bis Geburt) in der es gesundheitliche Probleme gibt

Malacia = Weichheit; Krankheit

Malve = Pflanz. Malvengewächse; violette Blüte

Marrubium = Andorn

Membran (med.) = Scheidenverschluss

Myrte = Brautmyrte; gemeine Myrte; immergrüner Strauch

Nardus = Borstgras

Pessar = Gebärmutterzapfen oder -stöpsel

Polei = pflanz. Gattung der Minze; Flohkraut

Pseudorexia = Essstörung

Sukkusion = Verschüttelung

Sykomore = Maulbeerfeige

Tuben = röhrenförmige Struktur z.B.: Eileiter

6. Bildquellen:

- **Abb. 1.: Statuette einer Gebärdenden, Ägypten; 3. Jhdt. v. Chr.**
  Pecker, André (1990): Gynäkologie und Geburtshilfe vom Altertum bis zum Anfang des 18. Jahrhunderts, Band 2, Salzburg, Andreas & Andreas Verlagsbuchhandel

- **Abb. 2.: Sir William Flinders Petrie**
  https://www.google.at/search?q=William+Flinders+Petrie&source=lnms&tbm=isch&sa=X&ved=0ahUKEwiQ2ZL3iYnXAhXFL1AKHU7tCd4Q_AUICigB&biw=1752&bih=947#imgrc=a-QszyMtrX3leM:

- **Abb. 3.: Francis Llewellyn Griffith**
  https://openlibrary.org/authors/OL4431326A/Francis_Llewellyn_Griffith

- **Abb. 4.: Papyrus von Kahun – medizinische Aufzeichnungen**
  https://www.google.at/search?biw=1752&bih=947&tbm=isch&sa=1&q=Papyri+von+Kahun+&oq=Papyri+von+Kahun+&gs_l=psy-ab.3...596623.597634.0.598437.1.1.0.0.0.0.69.69.1.1.0....0...1.1j2.64.psy-ab..0.0.0....0.NIVQnOis118#imgrc=_a6FwVaZRX1qiM:

- **Abb. 5.: Papyrus von Kahun – veterinärmedizinische Aufzeichnungen**
  https://www.google.at/search?biw=1752&bih=947&tbm=isch&sa=1&q=Papyri+von+Kahun+&oq=Papyri+von+Kahun+&gs_l=psy-ab.3...596623.597634.0.598437.1.1.0.0.0.0.69.69.1.1.0....0...1.1j2.64.psy-ab..0.0.0....0.NIVQnOis118#imgrc=7h-Dh1xGQexxMM:

- **Abb. 6.: Auszug aus „Die Frauenheilkunde der alten Welt"**
  https://books.google.at/books?id=DBKzBgAAQBAJ&pg=PA50&lpg=PA50&dq=Julius+Manger+W%C3%BCrzburg+1933&source=bl&ots=00mEoD0B8H&sig=8ln0VmbD-afvstAiR-YDaHAm-klY&hl=de&sa=X&ved=0ahUKEwjA8a2Sp4nXAhUPmbQKHQpIBN0Q6AEIODAE#v=onepage&q=Julius%20Manger%20W%C3%BCrzburg%201933&f=false

- **Abb. 7.: Gebärdende auf Thron/ Gebärstuhl, Alexandria Ägypten; 3. Jhdt. v. Chr.:**
  Pecker, André (1990): Gynäkologie und Geburtshilfe vom Altertum bis zum Anfang des 18. Jahrhunderts, Band 2, Salzburg, Andreas & Andreas Verlagsbuchhandel

- **Abb. 8.: Statuette einer Gebärdenden, Ägypten; 3. Jhdt. v. Chr.**
  Pecker, André (1990): Gynäkologie und Geburtshilfe vom Altertum bis zum Anfang des 18. Jahrhunderts, Band 2, Salzburg, Andreas & Andreas Verlagsbuchhandel

- **Abb. 9.: Corpus Hippocraticum; eine der unzähligen Abschriften:**
  https://locatorplus.gov/cgi-bin/Pwebrecon.cgi?DB=local&v2=1&ti=1,1&Search_Arg=100899925&Search_Code=0359&CNT=20&SID=1

- **Abb. 10.: Hippokrates:**
  https://de.wikipedia.org/wiki/Hippokrates_von_Kos

- **Abb. 11.: Kalebasse – Flaschenkürbis:**
  http://www.hausgarten.net/garten-im-herbst/kuerbis/flaschenkuerbis-anbau.html

- **Abb. 12.: Soranos von Ephesus:**

  https://www.mt-oceanography.info/science+society/lectures/illustrations/lecture11/soranus.html

- **Abb. 13.: „Die Gynäkologie des Soranos von Ephesus; Geburtshilfe, Frauen – und Kinderkrankheiten, Diätetik der Neugeborenen**

  https://ia601203.us.archive.org/BookReader/BookReaderImages.php?zip=/17/items/b24870432/b24870432_jp2.zip&file=b24870432_jp2/b24870432_0005.jp2&scale=4&rotate=0

- **Abb. 14.: Inhaltsverzeichnis: „Die Gynäkologie des Soranos von Ephesus; Geburtshilfe, Frauen – und Kinderkrankheiten, Diätetik der Neugeborenen**

  https://archive.org/details/b24870432

- **Abb. 15.: Inhaltsverzeichnis: „Die Gynäkologie des Soranos von Ephesus; Geburtshilfe, Frauen – und Kinderkrankheiten, Diätetik der Neugeborenen**

  https://archive.org/details/b24870432

7. Literaturverzeichnis:

- Die Gynäkologie des Soranus von Ephesus : Geburtshilfe, Frauen-und Kinder-Krankheiten, Diätetik der Neugeborenen : Huber, J. C : Free Download & Streaming : Internet Archive - https://archive.org/details/b24870432

- Fliesser, Marianne (Jahr): Fraunheikunde und Geburtsthilfe im Spiegel der Geschichte, biomed – austria.at

- Diepgen, Paul (1937): Die Frauenheilkunde der Alten Welt, München, Verlag von J.F. Bergmann

- Diepgen, Paul (1963): Frau und Frauenheilkunde in der Kultur des Mittelalters, Stuttgart, Georg Thieme Verlag

- Green, Monica H. (2001): The Trutola – A Medieval Compendium of women´s medicin, Pennsylvenia, University of Pensylvenia Press

- Güttersberg, Sabine (2004): Der Hebammenberuf und das gebärverhalten Einst und Heute", Judenburg

- Pecker, André (1990): Gynäkologie und Geburtshilfe vom Altertum bis zum Anfang des 18. Jahrhunderts, Band 2, Salzburg, Andreas & Andreas Verlagsbuchhandel

- Dierichs, Angelika (2002):Von der Götter Geburt und der Frauen Niederkunft, Kulturgeschichte der antiken Welt, Band 82, Mainz, Verlag Philip von Zabern